Ex Libris ______________________

ISBN 978-3-649-61666-5

Hafenweg 30, 48155 Münster, Germany
Redaktion: Katrin Gebhardt
Grafische Gestaltung: Albert Bartel, echtwert.de/sign
Mit Illustrationen von Susanne Koheil
Fotos: shutterstock.com

Printed in China

www.coppenrath.de

Komm zur Ruhe, finde neue Kraft

Ein poetischer Spaziergang durch die Natur

COPPENRATH

Die Lieder der Vögel,
das Summen der Insekten
verkünden die Wahrheit
wie ein Trompetenstoß.
Gräser und Blumen weisen den Weg.

FERNÖSTLICHE WEISHEIT

Der Ruf der Natur

Ich will heraus aus dieser Stadt

Ich weiß, dass Berge auf mich warten,
draußen – weit –
und Wald und Winterfeld und Wiesengarten
voll Gotteseinsamkeit –

Weiß, dass für mich ein Wind durch Wälder dringt,
so lange schon –
dass Schnee fällt, dass der Mond nachtleise singt
den Ewig-Ton –

Fühle, dass nachts Wolken schwellen,
Bäume,
dass Ebenen, Gebirge wellen
in meine Träume –

Die Winterberge, meine Berge tönen –
Wälder sind verschneit –
ich will hinaus, mit euch mich zu versöhnen!
Ich will heraus aus dieser Zeit,

hinweg von Märkten, Zimmern, Treppenstufen,
Straßenbraus –
Die Waldberge, die Waldberge rufen,
locken mich hinaus!

Bald hab ich diese Straßenwochen,
bald diesen Stadtbann aufgebrochen
und ziehe hin, wo Ströme durch die Ewig-Erde pochen,
ziehe selig in die Welt!

GERRIT ENGELKE

Die Natur

hat tausend Freuden für den,
der sie sucht und mit warmem Herzen
in ihren Tempel eintritt.

RAHEL VARNHAGEN

Im Sommer

O komm mit mir aus dem Gewühl der Menge,
aus Rauch und Qualm und tobendem Gedränge,
zum stillen Wald,
dort wo die Wipfel sanfte Grüße tauschen
und aus der Zweige sanft bewegtem Rauschen
ein Liedchen schallt.

Dort zu dem Quell, der durch die Felsen gleitet
und dann zum Teich die klaren Wasser breitet,
führ ich dich hin.
In seinem Spiegel schau die stolzen Bäume
und weiße Wolken, die wie sanfte Träume
vorüberziehn.

Dort lass uns lauschen auf der Quelle Tropfen
und auf der Spechte weit entferntes Klopfen,
mit uns allein.
Dort wollen wir die laute Welt vergessen,
an unsrem Herzschlag nur die Stunden messen
und glücklich sein!

HEINRICH SEIDEL

Die Wälder schweigen

Die Jahreszeiten wandern durch die Wälder.
Man sieht es nicht. Man liest es nur im Blatt.
Die Jahreszeiten strolchen durch die Felder.
Man zählt die Tage. Und man zählt die Gelder.
Man sehnt sich fort aus dem Geschrei der Stadt.

Das Dächermeer schlägt ziegelrote Wellen.
Die Luft ist dick und wie aus grauem Tuch.
Man träumt von Äckern und von Pferdeställen.
Man träumt von grünen Teichen und Forellen.
Und möchte in die Stille zu Besuch.

Die Seele wird vom Pflastertreten krumm.
Mit Bäumen kann man wie mit Brüdern reden
und tauscht bei ihnen seine Seele um.
Die Wälder schweigen. Doch sie sind nicht stumm.
Und wer auch kommen mag, sie trösten jeden.

Man flieht aus den Büros und den Fabriken.
Wohin, ist gleich! Die Erde ist ja rund!
Dort, wo die Gräser wie Bekannte nicken
und wo die Spinnen seidne Strümpfe stricken,
wird man gesund.

ERICH KÄSTNER

Bäche zittern silbern,
Gräser glittern und nicken
und weiße Anemonen
blicken zum blauen Himmel.
Ich ging in jungen Gräsern
mit meinem weichsten Schritt,
die Amsel hat gesungen
und mein Herz sang mit.

MAX DAUTHENDEY

Die Natur ist die große Ruhe gegenüber unserer Beweglichkeit. Darum wird sie der Mensch immer mehr lieben, je feiner und beweglicher er werden wird. Sie gibt ihm die großen Züge, die weiten Perspektiven und zugleich das Bild einer bei aller unermüdlichen Entwicklung erhabenen Gelassenheit.

CHRISTIAN MORGENSTERN

Leidlösendes Trio

Über die Welt hin ziehen die Wolken.
Grün durch die Wälder
fließt ihr Licht.
Herz, vergiss!
In stiller Sonne
webt linderndster Zauber,
unter wehenden Blumen blüht tausend Trost.
Vergiss! Vergiss!
Aus fernem Grund pfeift, horch, ein Vogel. ...
Er singt sein Lied.
Das Lied vom Glück!
Vom Glück.

ARNO HOLZ

Und sind auch Wald, Wiesen und Feld für strebsame Publizisten kaum die geeigneten Spielplätze, so findet doch derjenige, dem's taugt, daselbst umso wahrscheinlicher die Gelegenheit, sich in aller Stille ein wenig die Seele zu schneuzen.

WILHELM BUSCH

Ruhe finden

O dies einsame Gehn
nun schon Stunden so hin …
Wer sagt, wo ich bin? –
Und was mir geschehn? –

Wie der Weg sich verläuft! –
Geh ich recht, geh ich irr?
In der Zweige Gewirr
die Sonne verträuft.

– Wie ihr Licht so entwich
in fliehendem Schein,
waren beide allein,
wir: der Wald und ich …

JOHN HENRY MACKAY

Mittag

Am Waldessaume träumt die Föhre,
am Himmel weiße Wölkchen nur;
es ist so still, dass ich sie höre,
die tiefe Stille der Natur.

Rings Sonnenschein auf Wies und Wegen,
die Wipfel stumm, kein Lüftchen wach,
und doch, es klingt, als ström ein Regen
leis tönend auf das Blätterdach.

THEODOR FONTANE

Im Grase

Wer sich ins Gras legt,
wer lang liegt, für den ist
Zeit und Mühn nichts.
Wer liegt, der vergisst.

Was sich um ihn bewegt,
wenn er liegt,
bewegt ihn sanft mit.
Er wird gewiegt.

Ihn verlässt, ihn flieht
Zahl und Zeit.
Er entrinnt, ihm verrinnt
Lust und Leid.

Weise wird er, still
wie das Gras, das grüne Moos.
Er bettet sich tief
in der Himmlischen Schoß.

Der Wind kommt und geht.
Die Wolke zieht.
Der Falter schwebt. Der Bach
murmelt sein Lied.

Halm und Laub
zittern und flüstern leis.
Wasser und Wind
gehen im Kreis.

Was kommt, geht. Was geht, kommt
in der Wiederkehr Gang.
In der Himmlischen Bahn
wird die Welt Tanz, wird Gesang.

FRIEDRICH GEORG JÜNGER

Hinausgehen

Ich ging zu einem Spaziergang hinaus und beschloss schließlich,
bis Sonnenuntergang zu bleiben.
Hinausgehen, fand ich heraus, bedeutet eigentlich hineinzugehen.

JOHN MUIR

Hineingehen

Mondnacht

Es war, als hätt der Himmel
die Erde still geküsst,
dass sie im Blütenschimmer
von ihm nun träumen müsst.

Die Luft ging durch die Felder,
die Ähren wogten sacht,
es rauschten leis die Wälder,
so sternklar war die Nacht.

Und meine Seele spannte
weit ihre Flügel aus,
flog durch die stillen Lande,
als flöge sie nach Haus.

JOSEPH VON EICHENDORFF

*Es liegt eine wunderbare Heilkraft in der Natur.
Oft gibt der Anblick eines schönen Abendhimmels,
der Duft einer Blume der bedrückten Seele
Hoffnung und Lebensmut zurück.*

SOPHIE VERENA

Schönheit genießen

Butterblumengelbe Wiesen

Butterblumengelbe Wiesen,
sauerampferrot getönt, –
o du überreiches Sprießen,
wie das Aug dich nie gewöhnt!

Wohlgesangdurchschwellte Bäume,
wunderblütenschneebereift –
ja, fürwahr, ihr zeigt uns Träume,
wie die Brust sie kaum begreift.

CHRISTIAN MORGENSTERN

Mählich durchbrechende Sonne

Schönes,
grünes, weiches
Gras.
Drin
liege ich.
Inmitten goldgelber
Butterblumen!
Über mir ... warm ... der Himmel:
Ein
weites, schütteres,
lichtwühlig, lichtblendig, lichtwogig
zitterndes
Weiß,
das mir die
Augen
langsam ... ganz ... langsam
schließt.
Wehende ... Luft ... kaum merklich
ein Duft, ein
zartes ... Summen.
Nun
bin ich fern
von jeder Welt,
ein sanftes Rot erfüllt mich ganz, und
deutlich ... spüre ich ... wie die
Sonne
mir durchs Blut
rinnt.
Minutenlang.
Versunken
alles ... Nur noch
ich.
Selig!

ARNO HOLZ

Bäume sind Gedichte,
die die Erde
in den Himmel schreibt.

KHALIL GIBRAN

Aus dem Fenster blickst du.
Ein Baum windet sich, biegt sich
durch die Luft. Tut er's vor Freude
und warum gerade so, wie er es tut?
Und wenn die Sonne dazu scheint
in die kraftstrotzenden Äste, dann
hat man ein Gefühl, wie wenn man
einen recht hohen Heldentenor hört,
der sich vor Freude auf einen großen
Zeh stellt, um sich größer zu machen.
So ein Jauchzen!

AUGUST MACKE

Schön wie niemals sah ich jüngst die Erde.
Einer Insel gleich trieb sie im Winde.
Prangend trug sie durch den reinen Himmel
Ihrer Jugend wunderbaren Glanz.

Funkelnd lagen ihre blauen Seen,
Ihre Ströme zwischen Wiesenufern.
Rauschen ging durch ihre lichten Wälder,
Große Vögel folgten ihrem Flug.

Voll von jungen Tieren war die Erde.
Fohlen jagten auf den grellen Weiden,
Vögel reckten schreiend sich im Neste,
Gurrend rührte sich im Schilf die Brut.

Bei den roten Häusern im Holunder
Trieben Kinder lärmend ihre Kreisel.
Singend flochten sie auf gelben Wiesen
Ketten sich aus Halm und Löwenzahn.

Unaufhörlich neigten sich die grünen
Jungen Felder in des Windes Atem,
Drehten sich der Mühlen schwere Flügel,
Neigten sich die Segel auf dem Haff.

Unaufhörlich trieb die junge Erde
Durch das siebenfache Licht des Himmels.
Flüchtig nur wie einer Wolke Schatten
Lag auf ihrem Angesicht die Nacht.

MARIE LUISE KASCHNITZ

Die ganze Natur ist eine Melodie, in der eine tiefe Harmonie verborgen ist. Die Natur schafft ewig neue Gestalten; was da ist, war noch nie, was da war – kommt nicht wieder – alles ist neu und dennoch immer das Alte.

JOHANN WOLFGANG VON GOETHE

Ewigkeit spüren

Jahreszeiten

Grüner Frühling kehret wieder,
bringt uns Blüten ohne Zahl,
und sein fröhliches Gefieder
jauchzt in Wald und Wiesental,
jubelt ob dem Saatenfeld:
O, wie herrlich ist die Welt!

Goldner Sommer, da in Bogen
hoch die Sonne glänzend geht
und mit windbewegten Wogen
sanftes Flüstern heimlich weht
durch das reiche Ährenfeld:
O, wie herrlich ist die Welt!

Brauner Herbst, wo Früchte drängen
sich im Garten und im Wald,
wo von sanften Rebenhängen
froh das Lied der Winzer schallt
über das geleerte Feld:
O, wie herrlich ist die Welt!

Weißer Winter – schneeverhangen
liegt die Welt in stillem Traum;
in demantnem Glanze prangen
Wald und Wiese, Busch und Baum
und im Silberschein das Feld:
O, wie herrlich ist die Welt!

Ob der Frühling grünt und blühet,
Sommer steht in goldnem Kleid,
ob der Herbst in Farben glühet,
ob's im Winter friert und schneit –
glücklich, wem es stets gefällt:
O, wie herrlich ist die Welt!

HEINRICH SEIDEL

Waldesstimme

Wie deine grüngoldnen Augen funkeln,
Wald, du moosiger Träumer,
wie deine Gedanken dunkeln,
Einsiedel, schwer von Leben,
saftseufzender Tagesversäumer!

Über der Wipfel Hin- und Wiederschweben
wie's Atem holt und näher braust
und weiter zieht –
          und stille wird –
                    und saust.

Über der Wipfel Hin- und Wiederschweben
hoch droben steht ein ernster Ton,
dem lauschten tausend Jahre schon
und werden tausend Jahre lauschen …
Und immer dieses starke, donnerdunkle Rauschen.

PETER HILLE

Herbstlich sonnige Tage

Herbstlich sonnige Tage,
mir beschieden zur Lust,
euch mit leiserem Schlage
grüßt die atmende Brust.

Nur zu rasten, zu lieben,
still an sich selber zu baun,
fühlt sich die Seele getrieben
und mit Liebe zu schaun.

Jedem leisen Verfärben
lausch ich mit stillem Bemühn,
jedem Wachsen und Sterben,
jedem Welken und Blühn.

O wie waltet die Stunde
nun in seliger Ruh!
Jede schmerzende Wunde
schließet leise sich zu.

Was da webet im Ringe,
was da blüht auf der Flur,
Sinnbild ewiger Dinge
ist's dem Schauenden nur.

Jede sprossende Pflanze,
die mit Düften sich füllt,
trägt im Kelche das ganze
Weltgeheimnis verhüllt.

EMANUEL GEIBEL

Ein grünes Blatt

Ein Blatt aus sommerlichen Tagen,
ich nahm es so im Wandern mit,
auf dass es einst mir möge sagen,
wie laut die Nachtigall geschlagen,
wie grün der Wald, den ich durchschritt.

THEODOR STORM

Abschied

O Täler weit, o Höhen,
o schöner, grüner Wald,
du meiner Lust und Wehen
andächt'ger Aufenthalt.
Da draußen, stets betrogen,
saust die geschäft'ge Welt;
schlag noch einmal die Bogen
um mich, du grünes Zelt.

Wenn es beginnt zu tagen,
die Erde dampft und blinkt,
die Vögel lustig schlagen,
dass dir dein Herz erklingt:
Da mag vergehn, verwehen
das trübe Erdenleid,
da sollst du auferstehen
in junger Herrlichkeit!

Da steht im Wald geschrieben
ein stilles, ernstes Wort
vom rechten Tun und Lieben
und was des Menschen Hort.
Ich habe treu gelesen
die Worte schlicht und wahr.
Und durch mein ganzes Wesen
ward's unaussprechlich klar.

Bald werd ich dich verlassen,
fremd in der Fremde gehn,
auf buntbewegten Gassen
des Lebens Schauspiel sehn;
und mitten in dem Leben
wird deines Ernsts Gewalt
mich Einsamen erheben,
so wird mein Herz nicht kalt.

JOSEPH VON EICHENDORFF

Quellen

Hermann Hesse, Welkes Blatt,
aus: Hermann Hesse, Sämtliche Werke in 20 Bänden.
Herausgegeben von Volker Michels. Band 10: Die Gedichte,
© Suhrkamp Verlag Frankfurt am Main 2002.
Alle Rechte bei und vorbehalten durch Suhrkamp Verlag Berlin

Friedrich Georg Jünger, Im Grase,
aus: Friedrich Georg Jünger, Iris im Wind. Gedichte,
© Vittorio Klostermann GmbH 1952

Marie Luise Kaschnitz, Juni, © Iris Schnebel-Kaschnitz

Erich Kästner, Die Wälder schweigen,
aus: Erich Kästner, Doktor Erich Kästners lyrische Hausapotheke,
© Atrium Verlag, Zürich 1936 und Thomas Kästner